AF253600

DE

L'AGONIE MINISTÉRIELLE,

PAR A. RANDOUIN.

Paris.

CHEZ TOUS LES MARCHANDS DE NOUVEAUTÉS,

1829.

De l'Agonie ministérielle

Depuis trois mois que le ministère est arrivé au pouvoir, il n'a pu encore prendre position ; écrasé sous le poids de l'adnimadversion publique, dévoré par ses dissensions intérieures, acceptant et combattant tour à tour la condition de son origine, il veut et il ne veut pas, il caresse la chambre et il l'injurie ; il se vante de la majorité et il en désespère, c'est une espèce de fièvre intermittente, il a un accès, puis il se calme, puis un autre accès le saisit plus chaud et plus délirant que le premier, et alors il ne rêve plus que bouleversemens et coups d'état ; il a la dague au poing et la rage au cœur ; il bat la campagne, il déraisonne, il extravague ; on dirait qu'il récite la dernière diatribe de M. Cottu ; et en définitive, il n'aboutit à rien. Cependant le temps presse, la session approche ; de gré ou de force il faut prendre un parti, les fortes têtes sont en travail, et chaque matin voit éclore et mourir dix projets auxquels il ne manque, pour être excellens, que d'être exécutables. Mais enfin, dans le nombre, peut-être s'en trouvera-t-il un qui surnagera, qui ralliera toutes les excellences ébahies; attendons, voici venir le ministre de l'intérieur, l'oracle, l'espoir, la dernière ressource de la faction.

Confiance merveilleusement justifiée! A l'un des derniers conseils, M. de Labourdonnaye arrive, comme Calchas, l'œil hagard et le poil hérissé, le cœur lui bat encore d'émotion, il vient de découvrir, il apporte tout haletant, à ses amis, le moyen immanquable, la recette infaillible pour maîtriser la chambre des députés; la chose ne semble rien au premier coup d'œil, mais le résultat est immense; il ne s'agit pour cela que de faire siéger les députés sur des banquettes parallèles, au lieu des bancs circulaires de l'ancienne salle : voilà le trait de génie qui a jailli du cerveau de M. de Labourdonnaye pour éclairer, pour subjuguer ses collègues. N'est-ce pas par trop insulter au bon sens d'un peuple vif et réfléchi tout à la fois, si enclin et si habile à saisir le ridicule des choses que d'attacher à une disposition de banquettes une influence morale, que d'en tirer une grande conséquence politique et de faire de l'opinion d'une assemblée législative et de sa tendance une affaire d'architect et un secret de tapissier. Le ministère compte évidemment, en divisant ainsi la chambre en deux camps bien distincts, sur les scrupules des membres du centre droit, que les invectives, et les menaces de la *Gazette* et de la *Quotidienne*, jointes à d'anciennes habitudes, intimideraient au point de les empêcher de prendre séance à gauche sur les véritables bancs de l'opposition. Admettons même pour un moment la justesse de cette supposition, à qui une semblable apparence fera-t-elle illusion? Au premier vote, à la première discussion, à la première parole lancée dans l'assemblée, la réalité se fera jour et le fantôme disparaîtra. Croit-on que des hommes tels que MM. Hyde de Neuville, Agier, de Cambon, de Leyval, Delalot, de Preissac et autres, empruntent leur inspiration de leur fauteuil, comme la Pythonisse de son trépied, et qu'ils aient besoin de regarder autour d'eux pour se hasarder à réclamer hautement la Charte et les libertés publiques à l'abri du trône légitime? M. de Labourdonnaye croit-il de bonne foi pouvoir compter sur MM. de Martignac, de Saint-Criq et de Caux, parce que les honorables députés iraient siéger à droite à défaut de bancs neutres pour les excellences disgraciées? Non, personne ne sera pris à un piége aussi grossier, je dirai même que la tactique ministérielle, examinée d'un autre point de vue, pourrait bien tourner contre ses auteurs; que les députés de l'opposition jetés au milieu des partisans du ministère seront là comme point de ralliement pour les tièdes et les mécontens, et que les voix indépendantes qui s'élèveront des rangs que les ministres auront désignés comme leurs auxiliaires, auront par cela même plus d'autorité dans l'assemblée et plus de retentisse-

ment dans la nation ; c'est peut-être de là que partira
l'orage pour venir fondre sur le ministère éperdu,
aux abois. Que M. de Labourdonnaye y prenne
garde.

Toutefois, malgré l'efficacité de ces admirables
expédiens, les ministres ne paraissent pas disposés
à en faire l'épreuve sur la chambre actuelle ; les bruits
de dissolution se renouvellent, et avec eux renaissent
les déclamations contre la presse, et les plans incons-
titutionnels de récompositions de la chambre, tels
que la réélection par ordonnance ; on ressuscite aussi
le projet d'une adjonction de députés par le moyen
des conseils-généraux, conception monstrueuse que
l'on repoussa naguère avec hypocrisie, parce qu'une
indiscrétion l'avait révélée, et qu'elle n'était pas encore mûre pour la publicité. Puisqu'on y revient,
nous y reviendrons aussi, et nous y répondrons sé-
rieusement :

Non, la Charte n'est point un risible parchemin,
non, les sermens de Reims ne seront point parjurés ;
nous en sommes convaincus comme de toute la différence qui existe entre Charles X et Don Miguel,
nous en avons pour garant, après la loyauté du
roi, le patriotisme des citoyens ; d'un bout de la
France à l'autre, s'élèverait à l'instant même un cri
unanime de réprobation ; les 430 députés légalement

élus, sans en excepter ceux du double vote, l'immense majorité de la chambre des pairs, les 80,000 électeurs, tout ce qui porte un cœur capable de sentir l'outrage fait au pays, un esprit susceptible d'apprécier la violence faite aux lois, protesteraient à l'envi contre un si coupable attentat; l'impôt voté en vertu de la Charte respectée, serait refusé au nom de la Charte violée, annulée, foulée aux pieds; par cette combinaison sacrilége, les conseils-généraux, dont l'existence est contestable, même en tant que les comités administratifs sont érigés en corps politiques, et placés au-dessus des chambres en vertu d'une simple ordonnance de bon plaisir au contre-seing d'un ministre. Car il ne faut pas s'y méprendre, cette mesure de colère atteint tout aussi violemment la chambre des pairs que la chambre des députés, quoique moins directement; l'équilibre des pouvoirs, base du gouvernement représentatif, est rompu à tout jamais; et en effet, au roi appartiennent l'initiative et la présentation des lois, aux chambres le droit de discussion et de vote; mais la mission plus spéciale de la chambre des députés, élue par le peuple, est de défendre les projets en délibération contre les empiétemens des ministres, et celle plus particulière à la chambre des pairs, recrutée par le roi seul, est de concilier les dissentimens qui peuvent diviser la chambre élective et les conseillers de la couronne; mais que devient son rôle de médiatrice entre un conseil des ministres et une tribune qui ne sera plus que l'écho du conseil des ministres? Car si, par impossible, un pareil projet pouvait porter ses fruits, l'esprit des conseils-généraux serait imposé à la chambre des députés, il serait substitué à celui de la nation, et cette chambre ne serait plus qu'un simple bureau d'enregistrement par les édits et ordonnances nécessaires à l'établissement des taxes et au recouvrement de l'impôt. C'est ainsi que nos hommes d'état entendent le gouvernement représentatif; véritables jongleurs politiques, ils ne voient dans cette forme tutélaire qu'un mécanisme ingénieux pour escamoter l'argent des contribuables et tourner contre nos institutions les tributs payés pour les affermir.

Plaisante idée, si elle n'était criminelle, que celle inspirée à un ministre vaincu dans les chambres, de dire aux députés : Messieurs, vous croyez être les plus forts, mais vous êtes dans l'erreur ; j'ai derrière moi deux cents auxiliaires jésuites, congréganistes, absolutistes, ultramontains, qui vont envahir vos bancs au premier signe de ma main, qui vont devenir vos collègues par ma baguette magique, leurs votes m'assurent la majorité ; et comme dans notre forme de gouvernement, la majorité a toujours raison, vous voyez bien que j'ai raison et que vous avez tort. Le roi, en vertu de la Charte, nomme les présidens de colléges électoraux ; moi, Labourdonnaye, moi, Polignac, ou moi, Bourmont (car c'est tout un), je nomme tous les électeurs qui me nomment eux-mêmes, autant de députés que j'en veux, et cela parce que Richelieu était un grand ministre, parce que Pitt était un homme de génie, parce que Louis XIV était un grand roi, et que je ne suis ni Richelieu, ni Pitt, ni Louis XIV. Oui, la sagesse de Charles X, oui, l'opinion publique feraient justice d'un tel langage ; une tentative aussi insensée ne trouverait d'appui nulle part, et la chambre des pairs, fille légitime de la Charte, ne se commettrait point par la reconnaissance, même tacite, d'une chambre des députés bâtarde, espèce de monstre enfanté en haine de nos lois, par l'accouplement impur du jésuitisme et de la chouannerie. Cette opinion publique que nous invoquons et qui a grandi au milieu des orages, n'est plus turbulente comme au temps où elle avait des principes à conquérir. Aujourd'hui elle sent sa force et elle en a la dignité ; elle se révèle à la fois et sans secousse aux deux extrémités de l'échelle sociale, par la démission spontanée des hommes les plus honorés de la France, et par la fête pacifique de Lyon.

Sans doute, dans la pensée ministérielle, la presse ne peut rester libre à côté d'élections qui ne le seraient pas, mais un coup d'état qui, au mepris d'un texte, d'une disposition formelle, rétablirait la censure, ne serait que l'acte d'accusation des ministres, chaque écrivain se réfugierait, la loi à la main, dans le sanctuaire de la justice; pas un ne briserait sa plume devant une ordonnance sans autorité.

J'ai parlé du refus de l'impôt; c'est ici une question immense soulevée par l'imprudence du ministère et par l'effroi que ses précédens inspirent; question longuement débattue, et aujourd'hui résolue victorieusement au profit de la Charte, dont elle est le plus ferme rempart. Cette vérité, devenue banale à force d'être répétée, a pénétré dans tous les esprits; elle a donné lieu à plusieurs associations qui se sont formées et se forment encore tous les jours sur divers points de la France; sans doute le nombre des adhérens n'est qu'une bien petite minorité dans toute la population du royaume; mais le ministère se tromperait étrangement s'il calculait le déficit de ses caisses sur la quotité des signataires. Si leur nombre ne s'est pas grossi davantage, c'est précisément parce que la masse de citoyens a senti qu'il n'était pas besoin d'association pour une œuvre que chacun pouvait accomplir à lui tout seul; il ne s'agit point ici d'action, mais d'inertie, et l'on est toujours assez fort pour rester tranquille. Voilà la force que le ministère aura à vaincre, c'est sur celle-là qu'il doit baser ses calculs. Je n'ai souscrit à aucune association, mais appuyé sur la Charte, les lois et la magistrature, j'ai pris fermement avec moi-même l'engagement de ne pas payer mon obole, si je ne la dois pas légalement et constitutionnellement; Dieu me garde d'opposer aucune résistance! ma table et ma chaise de noyer, quelques livres, mon code civil ayant la Charte pour préambule, sont là attendant le premier collecteur qui se présentera pour les saisir en vertu d'ordres supérieurs. Si chacun est résolu à en faire autant, le cas échéant, la mesure est infaillible. La place du Châtelet ne suffirait pas pour contenir le butin de l'iniquité; les acheteurs ne viendraient pas pour acquérir la dépouille des citoyens, et le ministère serait réduit, pour faire ressource, de chauffer ses bureaux avec les meubles des contribuables, ce serait autant d'économisé sur les forêts royales.

Ces hommes qui se sont emparés du pouvoir par surprise, cherchent à s'y maintenir par la fourbe et par la ruse; rien ne leur coûte pour égarer l'opinion; il faut qu'ils y réussisent à tout prix; les calculs faux, les faits erronés, les raisonnemens imposteurs, tout leur est bon parce qu'ils arrivent à la conclusion obligée; ils annoncent ensuite l'intention d'agir en conséquence de ces mensonges, comme s'ils étaient eux-mêmes convaincus. C'est ainsi que dans la question des dernières élections partielles, ils tachent de fausser le jugement du pays en revendiquant des noms qui ne leur appartiennent pas ou qui sont encore ensevelis au fond de l'urne électorale; c'est ainsi que la

Gazette et la *Quotidienne* s'écrient effrontément que
sur six élections qui étaient à faire, deux seulement
se rallient à l'opposition et quatre au ministère ; ac-
caparant ainsi M. de Chartrouse, récemment élu par
le collège d'Arles, pur de toute protection ministérielle, et anticipant avec fatuité sur le scrutin de
Bordeaux qui ne doit s'ouvrir que dans trois jours.
On fait ensuite grand bruit de ce succès fallacieux
pour proclamer la victoire des ministres, vanter leur
crédit auprès des électeurs, les flatter d'une majorité, et réclamer la dissolution de la chambre des
députés. Les calculs des feuilles ministérielles seraient justes qu'ils ne prouveraient encore rien ; car,
sur les six députés à remplacer, quatre siégeaient à
droite et deux à gauche, les choses n'auraient donc
pas changé de face, mais la vérité n'est pas là ; sur
les six élections, cinq seulement sont réalisées, et
trois suffrages sont déjà acquis à l'opposition ; car
M. de Chartrouse était le candidat constitutionnel, il
a rallié les voix dont disposait M. Boulouvard, que la
Gazette et la *Quotidienne* appellent le candidat libé-
ral ; c'est ainsi qu'il est arrivé à la députation ; et s'il
siège à droite, c'est qu'il y trouvera MM. Gauthier,
de Cordoue, de Belleyme, et autres honorables
membres dont la nation connaît la loyauté et l'indé-
pendance. L'opposition s'est donc renforcée d'une
voix ; quant à l'élection de Bordeaux, nous n'imite-
rons pas nos adversaires en nous l'appropriant, mais

nous dirons que les chances sont au moins égales, et nous attendrons avec espérance.

Après cela, qu'on nous menace de la dissolution de la Chambre! nous aussi, nous la demandons cette dissolution, certains que la majorité reviendra plus compacte et plus forte; nous savons qu'aux élections de 1827, dans un grand nombre de colléges, les candidats constitutionels n'ont été depassés que de quelques voix, malgré les vexations, les artifices et les violences du ministère déplorable; aujourd'hui que les listes sont complètes et les fraudes difficiles, pour ne pas dire impossibles, l'opinion réelle du pays triomphera dans ces colléges comme dans les autres, et comptera de nouveaux et puissans défenseurs à la tribune nationale. Arrive cette dissolution, et Charles X, qui est le roi de la France, et non pas d'une coterie, de quelque nom qu'elle se pare, Charles X, éclairé encore une fois sur le véritable vœu de ses peuples, renverra dans leur obscurité les téméraires qui ont cherché à surprendre sa religion pour exploiter, pour compromettre à leur profit la prérogative royale, d'autant plus auguste, d'autant plus puissante qu'elle se manifeste dans un intérêt général, pour le bien public, seul mobile et seul but d'un grand monarque, seule pensée conforme au cœur de l'héritier de saint Louis et de Henri IV.

Un des plus grands scandales donnés par les écri-
vains à la suite ou en avant du ministère, c'est celui
d'un magistrat qui siége sur les fleurs de lys, et qui
s'écrie insolemment que des ordonnances peuvent
annuler des lois, qui de sa propre science et pleine
autorité met au néant le corps politique le plus vital
de la société, et qui substitue à sa force et à son élo-
quence, celle du canon, de la foudre et des éclairs.
Voilà l'homme qui se porte comme conseil de la
monarchie et qui s'en proclame le sauveur. C'est
lui qui insulte à l'armée qu'il veut flatter, en lui pré-
sentant la France entière comme une curée, où tous
les emplois publics, toutes les charges de finance,
de régie, de loterie, doivent devenir sa pâture, con-
vertissant ainsi nos officiers, tous hommes de sens et
d'honneur, en une tourbe de publicains insatiables
et de spéculateurs avides. Non, le noble métier des
armes n'est point une carrière d'avarice et de cu-
pidité; après les légitimes récompenses qu'il est
trop juste que la patrie décerne à ses défenseurs, le
plus beau revenu du soldat, c'est la gloire, celui-là
ne manquera jamais à nos guerriers quand ils auront occasion de l'exploiter; ils renverront l'autre à
M. Cottu, comme indigne d'eux, comme un rêve
extravagant, comme étant payé trop cher au prix du
désordre et de la perturbation qu'il entraînerait dans
l'État; car, il faut que M. Cottu sache qu'un gouvernement n'a pas moins besoin d'appui dans le civil

que dans le militaire, à moins qu'on ne place la royauté dans un camp, et qu'on ne transforme un peuple calme, laborieux, dévoué en un troupeau d'ilotes, d'esclaves ou de rebelles; telle est la conséquence des chimères dont se berce M. Cottu dans son pamphlet, où tout est colère, où le raisonnement n'apparaît qu'à de rares intervalles, et toujours environné de fausseté et de mauvaise foi; j'appelle un raisonnement de mauvaise foi, celui où l'auteur, à l'instant où il proteste de son amour pour la Charte, assure qu'il reconnaît consciencieusement au roi le droit de briser la loi des élections, et de composer à lui seul une chambre des députés, sans blesser cette même Charte; j'appelle un raisonnement faux, celui où M. Cottu établit que la chambre actuelle ou toute autre recrutée par le même mode, ne peut être apte à discuter un nouveau code électoral, attendu que ce nouveau projet ayant pour but d'éloigner les députés constitutionnels de la législature, ceux-ci se trouveraient ainsi juges et parties dans leur propre cause. Mais M. Cottu, si cette argumentation pouvait être prise au sérieux, les députés appelés par votre ordonnance contre-révolutionnaire, qui sanctionneraient le projet tendant à perpétuer leur intrusion, les ministres qui présenteraient ce projet, et qui ne se maintiendraient au pouvoir qu'en vertu de son acception, tous ces gens-là ne seraient-ils pas aussi juges et parties dans leur propre cause?

N'est-il permis de cumuler ces deux qualités que pour consacrer une possession usurpée, non pour conserver des droits légitimes? On éprouve un chagrin profond à voir un homme grave et éclairé faire un si triste usage de sa raison et de son intelligence; on ne pourrait trop s'en étonner, on ne s'en consolerait pas, si l'on ne savait que toutes ces aberrations, toutes ces extravagances sont la profession de foi d'un renégat qui a déserté le culte de ses opinions primitives et désintéressées, par rancune, par ressentiment contre les électeurs dont il a sollicité vainement les suffrages, et auxquels il a juré guerre à mort; s'en prenant de sa déconvenue au corps électoral tout entier, à la loi d'élection et à tous ses élémens, aux hommes de loi, au commerce et à l'industrie, apostrophant M. Benjamin Constant et M. Royer Collard, invoquant et le ciel et la terre, et le roi et l'armée, le tout pour n'en avoir point le démenti et devenir député par ordonnance, faute d'avoir pu l'être par le libre choix de ses concitoyens.

En vain prétendrait-on, avec M. Cottu, s'autoriser de l'art. 14 de la Charte pour jeter dans la chambre un flot de députés sans mandat, pour enchaîner la presse et lever des contributions qui n'auraient pas été consenties par les chambres légalement composées. Ce fameux article 14 ne recèle pas les armes parricides que d'hypocrites commentateurs prétendent y découvrir; non l'auguste auteur de la Charte n'a pas

glissé jésuitiquement dans son ouvrage, une arrière
pensée insidieuse, une clause subversive et résolu-
toire. Un droit aussi exorbitant que la suspension
de la Charte ne peut se supposer, s'induire par voie
d'interprétation, quand le droit, beaucoup moins
important de dissolution de chambre y est exprimé en
caractères formels. Cet article définit tout simplement
les attributions du roi, comme dépositaire de la puissance exécutive ; à ce titre, il fait les réglemens et ordonnances nécessaires pour l'exécution des lois et
*la sûreté de l'État, parce que la sûreté de l'État réside
dans l'exécution des lois;* de même que dans une sphère
inférieure, le préfet de police fait les réglemens et
ordonnances nécessaires pour la sûreté de la capitale,
mais ces réglemens et ordonnances doivent toujours
être basés sur la législation existante, sans pouvoir
jamais y déroger ni la changer ; le prince n'est donc
considéré là que comme administrateur suprême du
royaume, mais non pas comme législateur; car, à la
différence de la puissance exécutive qui appartient
au roi seul, la puissance législative (dit l'article 15,
qui suit immédiatement) s'exerce collectivement par
le roi, la chambre des pairs et la chambre des députés, et encore ces trois pouvoirs réunis sont-ils
limités dans leur action par les termes mêmes de la
Charte donnée et acceptée à toujours, solennelle-
ment jurée, et qui lie également le prince et les su-
jets; cette immutabilité de la Charte est consacrée

par ses infractions mêmes , et MM. de Villèle et Pey-
ronnet, qui ne sont point suspects dans leur amour
pour elle , ont eu soin , pour justifier leurs attentats
du double vote et de la septennalité , de la scinder
en articles fondamentaux inviolables , et en articles
réglementaires susceptibles d'être modifiés. Certes,
même en admettant le système de ces Messieurs, on
ne prétendra pas ranger parmi les articles réglemen-
tares celui du vote de l'impôt, le plus vital de la
Charte , pas plus que ceux non moins essentiels de
la liberté de la presse et de l'élection des députés.

Ainsi tout devient obstacle au ministère , une fois
sorti des voies de la légalité: qu'il rétablisse la censure,
et la presse reste libre à l'abri des lois ; qu'il viole la
loi des élections, et les députés de la Charte repous-
sent les députés du bon plaisir ; qu'il promulgue le
budget sans le concours des chambres, et l'impôt
est refusé. Cerné dans ces trois hypothèses , le ministère ne sait par où s'échapper ; il pousse un cri de
détresse, il se débat, se roidit contre la mort, et
dans son agonie, il se cramponne comme à son der-
nier moyen de salut, au droit de dissolution qui le
tuera, comme il a tué M. de Villèle. Là réside tout
l'espoir, toute la sécurité de la France. Non, cette
belle France animée de tant de patriotisme, de tant
de dévouement au trône, ne sympathisera jamais
avec des hommes si étrangers à tous sentimens de di-

gnité nationale, aussi peu jaloux de sa considération extérieure qu'ils sont ennemis de ses droits et de ses libertés, gens antipathiques à l'honneur, qui, pour le discréditer, en égarent le signe sur je ne sais quelles poitrines étonnées de le porter ; couvrant notre industrie de ses dédains et la contrebande de son égide ; des hommes sans tact et sans pitié, qui, ministres d'un roi vingt ans dans l'exil, poursuivent dans ses Etats de malheureux proscrits, martyrs d'une autre légitimité, et refusent un asyle à de faibles enfans, coupables seulement de l'héroisme paternel, qu'ils refoulent sur les flots, au risque de leur vie, laissant à la mer et aux maladies le soin d'achever leur ignoble vengeance.

Novateurs surannés, spéculateurs insensés et coupables, qui ne rêvez que la ruine de nos institutions et le retour d'un régime impossible, vous qui voulez bouleverser nos codes pour les remanier selon vos idées féodales ; vous qui croyez sottement nous faire mordre à un odieux droit d'aînesse par l'appât grossier d'un changement de nom, et qui prétendez rajeunir toutes les vieilleries de 88 au moyen d'un baptême sans vertu, arrière, arrière, vous n'êtes pas de notre siècle ; ministres de déception et de malheur, fussiez-vous aussi capables que vous êtes inhabiles, jamais vous ne vous laverez aux yeux de la

France, vous de la tutelle de Wellington, vous de Waterloo, vous des catégories, et tous ensemble d'une honteuse et accablante solidarité.

A. RANDOUIN.

Paris, 10 Novembre 1829.